二十一世紀的啓明思想

塩田 洋彦
Hirohiko Shioda

文芸社

はじめに〜「二十一世紀的啓明思想」に就いて〜

「大学」とは、東西を問わず、即ち東洋の「大学」であろうと、西洋の「カレッジ／ユニバーシティ」であろうと、多種性、多様性のある学部や学生などが一つにまとめられた、束ねられた「集合体」、「共同体」である。

しかし、私は、「社会」こそが大学である、と思う。

社会は、大学以上に多種性、多様性のある、学べる市民や市部などが一つにまとめられ、束ねられた、「大きく学べる本当の大学」、と言うことができる。

この「二十一世紀的啓明思想」は、そういった「社会大学」から生まれてきた、十六〜十八世紀末にヨーロッパで起こっていた啓蒙思想ではなくて、人文の尊厳や文学の尊崇などを謳っている二十一世紀的啓蒙思想である、と言うことができる。

大学、あるいは大学院は、世間一般にそれらをとりまとめ、束ねることになっているものは、学長や総長、もしくは創立者や設立者である。したがって彼らの哲学や思想、または創立の理念や建学の精神といったものが根底にあり、教育理念にも反映されている。

本書は、本作者である塩田が、現在まで日本に於いて培ってきた、及び大学時代アメリカに行って学んできた啓蒙、啓発、啓明的哲学思想をバックグラウンドとして一つにまとめた、「民主主義社会としての文藝思想大学」の教科書やテキストである。

本作は、「啓蒙的お笑い文学形式・スタイル」で作成、制作した作品である。大変分かりやすく、伝わりやすくなるよう、ポイントや要旨をまとめたつもりである。学ぶ気さえあれば、何時でも誰でも、「聖人君子」や「超人」「芸人」などの目指し方を通読できるように、やさしく、誰でも完読できるようになっていると思う。

二十一世紀では、人類の文化的、文学的にいっても、知識や情報をいかに活用できるかが、殊に大切な時代になってきている。いわば「人生が大学」、「世界が大学」の時代に入ってきている、といえる。

この本を読むことによって、クオリティーが高くてバラエティー豊かな人文系、社会系の学問を通し、セオリーやケースを分析、統合することによって、生涯に役立ち、社会の為になるような知恵や英知を修得することが可能かもしれない。

幅広い人生的、社会的勉強を通じ、本や人から自然に啓蒙されることで、人生や世界の本質を見通した、「哲学の道理」に近づき、至ることができるかもしれない。

よく「悟りへの道は遠く険しい」と聞く。正に「少年老い易く、学成り難し」である。

それだからこそ、「学べる時にできる限り、できる範囲で学ぶ」ということが大切になって来る。

そういったことに思いを馳せると、大して面白くない、あるいはあまりためにならない迷信や盲信、伝統や因習などには囚われるべきではないことが分かって来ようというものだ。

面目やプライドを超越して、正しいものは正しいとして、新しい、よいアイディア、着想を取り入れられることは、優秀な人間の特性であるが、正にそれらが求められて来るのだ。

積極的に相手から学ぼうという「向学心」、また、意欲的に勉強しようという「勤勉性」、こういったことこそが、本当に大きい目的を達成するために必要なことであり、本道であると思う。


これからの人生に、大きな夢を持ったり、大きく目標を定めたりしているのならば、これまでより高い「社会大学精神」、それまでより広い「世の中大学マインド」が必要になってきていると思う。

この「二十一世紀的大和魂」ひいては「永久不滅の日本精神」、「不屈の日章根性」、そして「不朽の国歌斉唱」と言い得る啓蒙思想を提唱する本著書が、世の中や社会で必読、必携に成り得ることを願っている。

読者の皆さん、それでは早速、既に「必修」の「社会大学」へ――。

もくじ

第一章　論文ジャーナリズム　～大学的ジャーナリズム六～

「論文ジャーナリズム」とは、論文半分ジャーナリズム半分のペーパーレポートである。付け加えて言うならば、読者に不足知識を与えて啓蒙、あるいは読者に不備情報を与えて啓発する、シックスナンバーの大学的ジャーナリズムである。

ライティングスタイルは、必要なことだけを記したため、簡潔、簡明。

カバージャンルは本付録の英語文学系、国語文学系、社会文学系、体育会系、文化系。

インフォメーションソースはバラエティーとバランスを大切に、見逃しがちなテレビ、人、または本など。

試し読み、飛ばし読みはＯＫ！

何万人かの、キャリアレベルだけでなくライフレベルに立った知識や情報得たい方、平素より変わった方向・普段とは違った方面から知識や情報得たい方、オリジナリティ豊か、自主独立したメディアから知識や情報得たい方、精神的なゆとり、余裕を大切にする方など……。以上の方、全六レポートたちで心ゆくまで「ご学問」していって下さい。

一・哲学教育・体育に就いて

国語辞典的決定版ともいえる、「新明解国語辞典」第七版を引くと、日本はかつて「東海の君子国」といった美称を持っていたことがあったようだ。

本当に日本がそのような国であったために、他国に比較してみると、一般に言うところの「聖人君子」、即ち知徳に優れた理想的な人たちは、今世紀、更に増しているといってさしつかえないと思う。

実際に日本が礼儀正しくて且つ節度ある、素晴らしくて優秀な国民を持っていることは、すでに世界中に知られている。

加えて日本が今後も社会的に貢献できるような人間、そして優秀な人間を輩出できるような国家を創出したいと考えているのであればなおさらと言える。

日本人は旧来的な崇高な理念などを何時の間にか忘れた、超一流国民かもしれないのだ。

日本人は生来的に世界の模範などを示せる、才能あふれる世界的市民かもしれないのだ。

日本人は本来的に偉大な人間などが集まって発祥できた、全人類代表かもしれないのだ。


序説・序論で言った、或る意味敬称を抱えていたのはいつ、誰かは認識していないが、知徳に優れた聖人君子「聖徳太子」の時代は、そのようなことを目指したり、追求したかったかもしれない。

何故かと言えば、彼こそは日本を憲法、仏教によって、「理想に輝く国」として大成立させたかった「建国の父」とみなしてよい人物だったかもしれないからである。

大事なことを付け加えると、仮に日本に「天才的」とか「天然的」などと言われる人たちが多いのならば、他国に比較してみて、超人や芸人、優れた能力を持つ人、笑いの能力を持つ人たちも、さらに多い、あるいは今後も生まれてくるといってもよいだろう。

現に日本は、忍耐強くて、頑張り利いて、しかし明るさのある、面白さある人々を持っている国であることは知られている。

更に、今後も日本が世の中で救済や癒しなど、いろいろなことに貢献し、世界的に信頼され、感謝される人間を輩出したいと考えているのであればなおさらである。

日本は石油や天然ガス、大豆や小麦などの、穀物や鉱物などは大して産出できない国である。しかし素晴らしい自然や、優秀な人材を誇れる「人と自然立国」なので、社会福祉や自然環境に力を入れて、人的資源や森林資源を育成することが必要となってくる。

それは、結果的に、本国の福祉や自国の環境に力を入れるだけではなく、広大な自然や人類の幸福に力を入れ、それらを拡大化することになってくる。

自由主義や民主主義制度などを活用して、教育を高め、植生を広めている理想的人物たちは必要だ。

人文主義や自然主義などを掲げ、ヒューマニズムやナチュラリズムなどの大目的を設定して、挑戦している「大人格者」たちは大切である。

彼らには共通していることがある。

カネの扱い方を知っている。

モノの扱い方が成っている。

ヒトの扱い方を持っている。

目標を達成するためには、社会的に成功したいとか、勝利したいとかを切望するのではなくて、更なる高い次元で夢を持てるとか、憧れを抱けるということが、希求されていると思う。

リッチになりたいとか、セレブになりたいとか、勝ちたいとかを望むのではなくて、一層広い地平に立って、人間として役立てるとか、人材としてためになれるということが求められているのだ。

勝者や強者、あるいは成功者たちを抜かし飛ばして、聖者や賢者、もしくは超者たちを目指した方が、更に高潔とか高邁な夢や憧れを持ち抱けて、人間として「大成」、「大成功」を得られるのではないか。

王者や指導者を追い求めることで。
啓蒙や救済者を学び始めることで。
癒しや笑いを尊び敬えることで。

二．人類文化・笑いに就いて

「心憎い～おくゆかしい～」ことが我々日本人の美徳とされてきたが、これからは、世界の流れや方向性を作ったり、示したり、変えたりすることに、堂々と参加し、発言できるようにならなくてはならない。

何と言っても、日本は中期的目標、長期的展望を見据えて、優秀な国家戦略や方針などが必要であるということは、以前から指摘されている。

国家戦略とか方針ということで思い付くのは、現在世界中で知られ、愛されている日本製のものは、言わずと知れた「ジャパニーズバイク」、「テレビアニメ」。

それらに加えて「ジャパニーズテレビバングミ」、「トレンディードラマ」、「ジャパニーズブンガクショ」、「ジャパニーズスポコンモノ」、「ジャパニーズバラエティー」

等々。

しかし、現在それらは「完全・絶対的」というくらいあり余っていると言える。

日本的な文学、体育、お笑い系作品、作家、あるいは大学的な人文、体育会、癒し系作文、作者など全部引っくるめて「日本の傑作」は、世界でも受け入れられ、「日本ファン」という人達をたくさん作り出し、友好的関係を作り出す大きな力となっている。

日本の力作は本国で評価されるのはもちろんだが、先に他国で発掘され、広まるものも多い。もっと積極的に他国に紹介していけば、より国際社会で評価される可能性が大きいと思う。

日本の秀作は次々にナショナルプロジェクト的に英訳して、インターナショナルに輸出してみたらどうであろうか、と思う。

素晴らしい哲学とか文学系作文や作者、もしくは優秀な思想、報道系作品や作家は、権力や数の力に頼らない、政治や経済的決定力をも上回る「変革の力」だということができる。

社会で、アカデミックな「政治哲学、経済学説」や、プラクティカルな「政治思想、経済テーマ」をより大々的に取り上げていれば、国民全体に「理性」があふれて、議論が盛り上がってくるはずだ。

日本の大学などで、ジャパニーズの「ペンは剣よりも強し」や、アメリカンの「ジャーナリズムクラス」をより大々的に取り入れていけば、感性がみなぎり、国家全般で言論が持ち上がってくるはずだ。

こうすることで、権威や多数決に依存しない、理想的な「リアルな民主主義」や「本物の自由主義」に近づいていくかもしれない。

そして、これからは作文や作品の「格調」や「品格」を、出来得る限り高くしていく必要があると思う。

レベルの高さというものは人それぞれ評価が分かれるところだとは思うが、スケールが広い文学や体育系作品や作家、またはタイムリーなもの、定番となるような、ロングセラーとなる人文、体育会系作文や作者は、「日本」という国のイメージだけでなく、世界の流れや方向性をも作り変えるほどの力をもつと思うのだ。

知や徳に優れた文学だけでなく、いわゆる「お笑い」でも、実際はインテリジェンスやモラルがあった方が全然面白くて、日本だけでなく、世界の名作、名著となることができる。

また、他人を傷つけるような文学や笑いではなく、人を癒し、啓蒙する文学や笑いの方が、本当に笑え、学べる著作になるのだと思う。

こうした日本の文化を、より正確に伝達したり、明快にしていくために必要不可欠なものは、我々日本人の英会話力、英作文力の向上ではないか。

そうして、我が国の哲学、報道系作者や作文を、より多くの人に伝搬されやすくしたりするために必須不可欠なものは、我々日本人の思考力、文章力の向上ではないか。

我々日本人が本気になり、実際にやる気を持てば、それらは必ず成し遂げられるはずだと思っている。

三．政治経済・社会に就いて

バランス感覚を欠いた政治家、政党は、我々選挙民としては信用できない。

政治家というものは、バランス感覚をもって、常に公平、公正でいなくてはいけないし、公平、公正を目指し、追求しなくてはならない立場であるからである。

「現実」ばかりを言う保守系政党や政治家たちはとてもではないが支持できないし、信頼できない。

彼らは本当に政治を「正しく」進めることができないからだ。

だからといって、「理想」ばかりを並べる革新系政党や政治家たちも、あてにすることはできない。

何故かというと、彼らは実際に政治を「前に」進めることができないからだ。

どの政治家も、本当は、福祉や環境・教育などに力を入れたい、それらを目指したい、追求したいのだと思う。

そのためには、政治力や経済力、実行力などを手に入れ、それらを目指したいのかもしれない。

何が必要、必須なのかといえば、中道、中庸、中間を行きながら、それらを目指すということだ。

知恵や英知を大切にして左に挑戦できる中道政治家たちは何処だ。

理想や理念を大事にして左に指向できる中庸政治家たちは何処だ。

保守系政治家たちが説く「経済の成長」、革新系政治家たちが説く「福祉の成功」の、どちらもできるバランスや平衡感覚を持った中間政治家たちは何処だ。

改革や変革を大切にして左に挑戦できる中道政党たちは何処だ。

大志や浪漫を大事にして左に指向できる中庸政党たちは何処だ。

保守系政党たちが説く「自衛」が完遂できて、革新系政党たちが説く「環境」に到達できる課題解決力や懸案要項解決力を持った中間政党たちは何処だ。

ストレートに左を狙うなら、真ん中から入って左に行った方が早くはないだろうか。人の話を聞く耳を持って前進していける人こそ（例えば「コンピューター付きブルドーザー」と呼ばれ前進していた田中角栄元首相など）、大人格者や大指導者となり、王者や王道の立場や視点に拠り立って、しなやかに、且つしたたかに状況や情勢に対応できる。いわゆる「いいとこ取り」が可能になってくるのだ。

つぎに、「まず日本」。本国でできること、すべきことを実行しようとする政治家が必要、ということだ。

日本の国々も完璧に熟知していないのに、他国のことなどたいしてわかるはずがない。まず、外国とは「性格」が違う。「割合」を誤っているかもしれない。「判断」に困るかもしれない。

「言葉」が違っているのはもちろん、その「通訳」も誤っているかもしれない。「伝達」に困っているかもしれない。

加えて本国の政治でも、大きな権利が絡んで、彼らが何か言ったとしても、言った瞬間に情報が歪曲され、変化してしまう、ということはある。

もちろん、本物の政治家たちは、いわゆる「至誠天に通ず」で、天下国家に「誠実」で、立派な方たちであることは確かに断っておきたい。

何と言っても、孔子はかつて、「われ未だ生を知らず」即ち生きることについてさえ知らないのに、「いずくんぞ死を知らんや」即ましてや死ぬことについてなど尚のこと知らないと言ったはずだ。我々は今それに就いていかに考えてみるかということだ。本国状況が大して分からないのに、他国状況が大いに分かる訳はないということだ。

そして、我が国のように、言論的自由が発達し、思想的自由が保証された民主主義国家、そして先進国ほど殊に、知識人が国民を代表して、本人の考えを自由に発信することができるということだ。

民主主義国や先進国の知識人が知恵を追求できたり、英知を目指すことができるほど特に、政治や経済、自由や平等などについて、国民が学問して、自分本人の考えを自由に発展させることができるということだ。

文壇やジャーナリズムに就く方たちには、さらに多くの発表をしていただきたい。

そして、大学院や大学で文学やジャーナリズムを取る方たちには、さらに彼らに追いつき、追い越していっていただきたい。

「民が主」だという本来的民主主義に立ち帰って、「先を進む」という本格的先進国の理想を追い求めて、「人民の、人民による、人民のための」という本場的政治から学び始めていただきたい。

本当に「自由で平等」な本式の自由主義・民主主義に本気でチャレンジしてほしい。

四．英米語学・大学に就いて

私は、元来大学とはブランドやネーム、偏差値や順位で決めるものではない、学部や学科、プロフェッサーやテキストで決めるものだ、などと、以前から大学入試や大学の在り方などに関して問題意識を抱いていた。

ちょうど、大学が持つ方向性や指向性を考えていたのだが、フィクション・ノンフィクション作家、ジャーナリストの落合信彦氏が推す、アメリカ東部・ペンシルベニア州レディング市の「オルブライト大学」に入学した。

当時、大学で人文系はアメリカ系大学の方が卒業は大変だったが、卒論「マインド・ダイナミズム」で「形而上学」を認められ、独立「翻訳演習」で城山三郎氏の『価格破壊』を英訳して哲学／国際経営学を修了した。

初めは、既出のオルブライト大学に入学する以前、全日制都立高校を卒業し、日本の大学に入学するために、程近い中央線沿いの、私立文系コースを持つ大学予備校に約一年学んだ。

その後、アメリカ南部のルイジアナ州バトンルージュ市に行き、ルイジアナ州立大学付きの語学学校に二学期間通い、同市に一年ほど住んだ。

そして、アラバマ州モービル市に移り、スプリングヒル大学付きの語学学校に一か月通い、同市に半年ほど住んだ。

ルイジアナでは面白い日本人ばかり学んでいて、彼ら大学生は、「ギャグ好き」な自分にハマってくださった。

大分親切なアメリカ人に恵まれ、大切に、大事にして頂いた。

ヒッチハイクを試したが、アメリカ人はキリスト教的価値観からか、ハイウェイなどで他人の車が壊れて困っていると、サイドに自分の車を寄せて助けてくれる。

セントラルアメリカのホンデュラスから来ていた娘《こ》で、ブッ飛ぶ程の美人がいたから、つかつかと歩いて行って、誘ってみた。「うん」と言ってくれたが、その娘には「ボディガード」役のホンデュラス人の中年男がいたので、それはかなうことはなかった。

カリブ海沿岸の国に代表される、スペイン系の白人の美人とは彼女のような人をいうのだろう。

アラバマでは可愛い日本人ばかり学んでいて、彼女たち大学生は「天然な」自分に飛んで面白がってくれた。

狛江市から来ていた一歳上の女子大生がいて、人生で初めて恋した人だが、大失恋だった。

日本人が好きだと言ってぴったり隣に座ってきた、本当の日本人っ娘だった。

初代「ものつくり大学」総長である哲学者・梅原猛氏は、『仏教の思想』という本であったか忘れたが、「初恋の人と、ふられて何十年ぶりで会った」ということを言っていたが、私も「なぁ～に、またいつか！」と、会うことを楽しみにしている。

ペンシルベニアでは明るい日本人ばかり学んでいて、彼ら大学生は「ネアカなヤツ」と自分と笑ってくださった。

大学の英文学教授には特に大切に、大事にして頂いた。

前にも述べたが、ハーバード大学博士号を取っていた、また英語教師を教えていた恩師、故ジェームス・D・レパート教授との「独立翻訳ゼミ」では、自分が城山三郎氏の『価格破壊』一～三章程度を英訳して、先生がそれを編集してくださったが、「私が若ければ、君と二人で大学を作れた」とか、ジェスチャー付きで「君は有～～名になる！」などと言ってくれた。

大学のコミュニケーション教授にはレパート先生とは別に、大切に、大事にして頂いた。

元レディング市長を夫に持っていた恩師、アナドラ・V・シャーク教授との「スピーチレッスン」では、自分が作家諸氏の「英語作品」を朗読して、先生がそれをチェックしてくださったが、何度か「君は必ず人前に立つシンカー（思想家）」だとか、トークの決まり言葉のように「君はコメディアンだ」などと言ってくれた。

何年時だったか、オルブライト大学で学期中、学生の両親たちがキャンパスに招かれたことがあった。

キャンパスセンターエントランスを出た所で、私は、学生の誰かの父親と立ち話をして、私が「Right now, I'm making a new theory ～自分は今、新理論を作っている～」と言うと、哲学、宗教のことを訊いてきた。

しかしそのころは、若さが有り余って「日本人過ぎるほどの日本人」をしていたから、私は「宗教は関係ない」というようなことを言ってしまった。

すると、彼は「私には娘もいるのにどうなるんだ！　どうするんだ！」というようなことを、間髪いれずにまくし立ててきた。

答えて、「道徳を持っていればいい」と言い放った。

次の瞬間、相手は分かって満面の笑みで握手を求めて来た。

アメリカ人は、歳ではなく、相手を認めたら、潔く譲るものだ。本当に明るいのだ。今になって分かるが、すごいアメリカ人とは、いるところにはいるものである。

また、これもオルブライト大学に在学中、私は日常的に大学教授もしくは大学制度などに関連して批判的なことを言っていた時期があった。

そんなとき、何かのクラス終了後、ホールウェイ移動中、哲学学部主任に就いていた恩師、ダン・D・クローフォード教授（私の卒業後、ネブラスカ大学へ移っていかれたが、卒論を認めてくれ、「You have real interest in metaphysics～君は本当の興味を形而上学に持っている～」と言ってくれた方である。また、カントを教えてくれ、「君は東洋哲学を教えることが出来る」とまで言ってくれた方である）に、「君の方の言い分は分かりました」といきなり認められて、次に、「では君の方は我々に何をして頂けるんでしょうか？」と穏やかに問われた。

今になって思うと、これがアメリカ人の「善良さ」「大人さ」「紳士さ」か、と気付かされた。

シカゴ大学で政治哲学を教えていた、故アラン・ブルーム教授による『アメリカン・マインドの終焉』という本の大ファンで、自分も哲学科を選択したくらいだったが、前述のアメリカ南部には、「伝統的アメリカ精神」を代役しているような「サザンホスピタリティ―南部的歓待―」が、そしてアメリカ東部では、「伝承的アメリカ良心」を代表しているような「知日派・親日派知識人、大学人たち」が、その頃は確実に健在であったと思う。

これまで本文で述べて来た通り、かく言う自分も、ラッキーにしてそれらを体験して来ることができた者の一人である。

「アメリカン・マインド」が健全だった、本当に良いところばかりに行けて幸せだと思う。

五．スポーツ・訓練に就いて

私は学区制時代、「第三学区」に在していた。「スポーツの石神井」として名を馳せていた「東京都立石神井高等学校」で柔道部に行った。

放課後の柔道訓練は、柔道「鍛錬」とか柔道「修練」として評した方がよいほど、「ギャグで笑ってブッ飛ぶくらい」の大変さだった。

初学年メンバー十人以上では、部長、副部長、自分など、何人かは卒業式まで持ったが、自分の場合は「二年時に休部した上で」だった。

OB会に行った際、以前の柔道部監督だった顧問は、「石神井柔道部で続けることができたなら、これからの人生、何があっても大丈夫だ！」と保証していたことに感謝している。

OBであって、柔道三段の持ち主である先輩は、石神井卒業後は早稲田大学ウェイトリフティング部を創立し、関東二位を獲得した。司法試験に向けて勉強していたが、彼のような先輩を持てたことに感謝している。

「体育会系」である自分は、「石神井伝説」の特訓以来、あまたのハードスポーツトレーニングを完全制覇し得たことに感謝している。

大学では、はじめはテニスの松岡修造氏の兄である松岡宏泰氏と、オフキャンパスのジュイッシュコミュニティセンターで水泳をして、次にはマスターズスイミングの十九～二十四歳枠に出場して、YMCAのトライアスロンスイマーグループでスイムをしていた。

トライアスリートメンバーでトレーニング後にレストランに行った際、グッド・エルダー・ブラザー（人柄良いお兄さん）的な方は自分に、「トライアスロンはただロングディスタンス（長距離）というだけなので、君はトライアスリートになれる」と言ってくれた。

トライアスロン選手の方たちというのは、トレーニングというものを、ある意味空気的なもの、やって当然のもの、あって当たり前のもの、として捉えているようで、実際に二十五メートルを往復して泳ぐ際、本当にロングディスタンスを延々とショートインターバルでスイミングしていた。

超人的スーパースイマー、鉄人的アイアンランナー、達人的マスターライダーだ。

仕事と両立して、バイクトレーニングが十分できなくって……などと話していたが。

大学にも後にはプールができて、私はチームに入って、ミート（大会）に出ていた。

キャンパスのアスレティックジムにトレーニングルームが付いていたので、アメリカンフットボールプレーヤー他、アメリカ人学生と同じように、ウエイトトレーニングに行き回っていた。

『ハイインテンシティ（強烈性）トレーニング』という本を、ショッピングモールブックストアで購入して、ドーミトリー（学生寮）で熟読して、はじめの一か月で九キロマッスルを付けた。
『ハイインテンシティ』によると、本当にトレーニングブックは店にあふれていて、ブックたち曰く、「試してパワフルアームに！」とか「試してストロンググレッグに！」などと叫んでいたが、実際に「トレーニングエフェクト（効果）」があり余るほどあるのは、「ジムでの気合、絶叫」と「バーニングセンセーション」、即ちマッスルの燃焼感、とのことだった。

本格的な雨が降っていたとき、大学近くでヒル（丘）五キロコースを走っていて、「何やってんだ!? 大丈夫か」などと、政治学を学んでいた日本人学生で、元カラテインストラクターの方に問われたこともあった。それほど「トレーニング」に一生懸命だった。

当てる当て身とか、立つ立ち技「ジュードー」的なオリジナルトレーニングもして、フットサルを蹴って、バイトを持って、体育の授業も取っていた。

日本系大学でいう「体育会系」くらいの訓練をしていたと思う。

私の場合、「トレーニング」に力を入れていたので、「段位」というものを取得することは大してなかった。

自分にとって大切なのは、リインフォースメントトレーニング、すなわち強化訓練。

強いて言えば、メンタルトレーニング、即ち精神訓練であった。

三十代に入ってからは、「駅伝トレーニング」とか、五キロ走ってなどのランニングトレーニングにトライしていた。

また、エアロバイクに上がってとか、自転車をまたいでなどのバイシクルトレーニングにもトライしていた。

そして、ペットボトルを抱えてとか、ウエイトを担いでなどのウォーキングトレーニングにトライしていた。

三十五歳に入ってからは、ライフスタイルをシフトアップして、規則正しい生活や節制をプロテクトしていた。

フードやドリンクをグレードアップして、休憩期間や休息期間をテイクすることにしていた。

四十代に入ってからは、マッスルをオーバーストレッチングして、休暇期間や休日期間にエンターしていた。

それらの何がよかったかというと、体育やその教育的効果で、ギャグで笑ってブッ飛ぶほどの大変明るく、元気な、オリンピックや修業僧レベルの強化監督や修業指導者のような「スーパーフィジカルアンドメンタルトレーニング」をすることができたことだった。

六．自己実現・理想に就いて

社会一般的な言い方の一つで、「夢や憧れを目指したい、追求したい」などと言ったりすることがあるが、往々にして、「それは夢だ」とか、「なに夢みたいなことを言っているんだ」というようなことを言う人間が、たまにいる。

また、「浪漫や大志を持っていると言ったりしても、それを達成できるのは才能あふれる限られた人だけだ」というようなことを言う人間はよくいる。

当然、それらは余計な心配、大きな世話かもしれない。

両方的を外れていて、当たっていない可能性は十分ある。

まず、使い古された手法の、「それは夢だ」という言い方。

夢を目指したい人間は、浪漫や大志を成し遂げるまでの「途中経過」や「発展過程」

が面白くて、且つそれが本人のためになるのだと説いてみればよいかもしれない（もちろん、面白いこと半分、大変なこと半分だから、面白さだけでは追求できないが）。

何が、あるいはどこが「途中経過」や「発展過程」で、面白くてためになるかは、例えば文学、体育、笑いなどのケースは、第一に、活動していく過程で、面白くてためになる人間に会ったりすることだ。

第二に、人前に立つことによって、自分が面白くてためになる人間になったりすることだ。

第三に、日々努力することによって、徐々に面白くてためになる人間に近づいていくことだ。

夢を完遂することだけが目標ではない。精神的に充実できるロマンを追求したいのだ。生きがいが目的、やりがいが目標なのだ。

また、第一パターン同然、振りかざされた論法の「才能がない」という言い方。

しかし、続けていくことは「才能」だし、好きでいくことは「才覚」だと諭してみればよいいかもしれない。

続けたら続けただけ、ものの見方が変わって、あるいは成長して、さらに本気やる気が湧いて、断然好きでいけるようになってくるかもしれない。

また、とことん好きになることは、さらなる「才能」である。好きなら好きな分だけ、本当に才能や才覚を持てて、続けていけるようになってくるかもしれない。

そして、やったらやっただけ本物の実力や自信が付いて、自然に成長していけるようになってくるかもしれない。

私は、人が夢や憧れを追求したいとか目指したいというのは大賛成。「大応援」したいタイプである。

何年間も挑戦「できる」大切さを言いたい。

人が浪漫や大志を持ちたいとか抱きたいというのは、大きな苦労や大きな苦節も進んで味わいたい、というレベルにいると解釈できる。
何年間も継続「できる」大変さを言いたい。

この世に生まれて来た以上、たとえ一般的な、標準的な「成功」を収めなかったとしても、自分は「挑戦した」と胸を張って言えることが大切なのだ。

チャレンジャーだったというくらい誇りを持てるということは、挑戦しなかった者、試さなかった者に比べたら、ずっと「人間として上」だといってさしつかえないと思う。

例えばスポーツなどで、インストラクターになって、月に二、三万円でも稼いだとしたら偉いのである！　セミプロにしかなれなくたって、パートなどしかなれなくたって、ヘルプなどしかなれなくたって、そう言える。

他人のやることに口出ししてくる人間には、「ゴーイング・マイ・ウェイ（我が道を行く）」と言ってやればよいのである。また、「もういい年齢なんだから」と口出ししてくる人間には、「レイト・ブルーマー（大器晩成）」と言うのもいいだろう。「たいした収入もないだろう」などと口出ししてくる人間には、「アイ・カム・アライブ（生き生きする）」と言って胸を張っていればよい。

流行歌にもあったが、「ナンバー1」になれなくっても、「オンリー1」になればいいのだ。

だが、「ナンバー1」「オンリー1」とは一体全体何であるか、今一度考えてみたいと思う。

社会一般的に、評価には「相対評価」と「絶対評価」の考え方があるので借用したい。

大ざっぱに言って、競争社会の本流に沿っていく評価は、「人を相手にする」相対評価で、競合世界の本筋から逸れていく評価は「天を相手にする」絶対評価と言える。

前者は自分の人生設計を計画しづらいが、「人と人」が協力しやすい「集団主義型」

で、後者は生涯を設計しやすいが、「人は人」という考えのため、他人と協調しづらい。「個人主義型」であるとも言える。

人間誰しも、自分と似ている考え方を持っている人に囲まれていると安心であるが、自分と似ていない思想を抱いている人に挟まれていると、そこまで安泰という気持ちは持ちづらい。

相対評価、絶対評価、どちらの考えに近いかは半々であろうが、日本人は「反」絶対宗教の考え方を持つ人が多く、「日本的」な理想を追求して行けばお家安泰という「親」相対思想という人が多い。「我が生涯如何に生きるか」の、独立した人生哲学を持って生きづらいところがある。

しかし、これからの日本人は、「人が作った」ナンバー1・相対主義ではなくて、「天が創った」オンリー1・絶対主義を目指して行きたいものだ。

そうでなくては、人生面白くない。二十一世紀が面白くならないと思うのだ。

第二章　聖人君子や超人哲学　～啓蒙的思想四十二～

「聖人君子や超人哲学」とは、聖人君子や超人なら知っていなければならないであろう、そして聖者、賢者、超者になるためには守っていかなければいけないであろう、啓蒙的思想などを説いたものである。

ただしそれを、伝統や偏見にとらわれないで、自己啓発的に平衡感覚をもって、可能な限り分かりやすく、伝わりやすく、明文化したものである。

同時に、本文章を読めばその主語となる人間が、「聖人君子や超人」であるだけでなく、「芸人」でもあるということがお分かり頂けると思う。

即ちこれは言わば「芸人哲学」でもある。

参考のためにではあるが、以下にそれら四十二の精神や教訓などが箇条書き形式で記してある。

各条が、ナンバー／本文／本文注の順になっている。

将来の啓蒙者を目指したい方、未来の救済者を追求したい方、何時の日かの癒し者を目標としたい方など、全四十二哲学思想たちをごゆっくりご参照していってください。

―第一条―

「やればできる、為せば成る」

何時でも夢や憧れ、理想や希望など人生上の目的を抱くことで、これからの人生に幸運を呼び込む。

※「夢や憧れ」、「理想や希望」は、「浪漫や大志」、「理念や目標」。人間なら必ず持ち続けていたい言葉である。

―第二条―

「愛情豊か」「……のためを思って」

周囲の人々や自然環境に愛や友情を持っているか。人生の目的の中に、そういう思いや気持ちが込められているか。それが人生を幸福に生きるためのポイント。

※「愛や友情」、「思いや気持ち」は「信頼や理解」、「真心や善意」にも通じる。これらに囲まれることほど幸せなことはない。

―第三条―

「精一杯やったので満足だ」「何事もほどほどがよい」

一生懸命に行うことと同時に、常に平衡感覚を持って休み休みやることが、人生においてプラスになり、未来をつくっていくものだ。

※「一生懸命さ」は頑張り、「平衡感覚」はバランス感覚。どちらも大切な、生きるヒント。

―第四条―

「生き生きと、輝いて」

大好きなことを多く持ち、人々の長所やよい所を積極的に見ることで、自分の人生を明るく、陽気に演出することができる。

※「大好きなこと」は人や自然のためになり、「人の長所やよい所」は自分のためになることである。

―第五条―

「自分に優しく、他人に優しく」

自分を研鑽するだけでなく、他人の能力ややる気を引き出してあげることで、本来の教育を行う。そういう教育、育成をすることで、自分を高める。

※「教育する（EDUCATE）」という言葉は、本来「能力を引き出す」の意。

―第六条―

「強靭な精神」「豊かな心」

人類の文化を学び、偉大なるスポーツを学ぶことで、人生の勉強になり、社会の勉強にもなる。

※私立文系、即ち英国社系や体育系を実践的に学習することで、バランス感覚の取れた人間になることができる。大学でまず一生懸命やってくれ、ということだ。

―第七条―

「人事を尽くして天命を待つ」「天を突く様な青雲の志」

完全主義、理想主義であることは、日ごろの気分や人生を晴れ晴れにしてくれるスパイスになる。

※「人生の目標」が大きければ大きいほど、本気、やる気が十分に出せるというものである。完全を目指すくらいでちょうどいい、と言える。

―第八条―

「充実感がある」「達成感がある」

自分が今できることに、やりがいや生きがいを見出すことで、人生に対して本気な、本当の自分になることができる。

※「自分が今できること」は、人生目的など中・長期的なものでなく、年月目標など短期的なもの。

―第九条―

「何時も心に太陽を」「物事をプラスに考える」

御天道様《おてんとうさま》が照っているように、明るく、陽気でいることができれば、自然と「天職」が自分を追いかけて来るだろう。

※「天然の明るさ」と「天然の陽気さ」は、夢や愛があり余るほどある「青春期」に学ぶだろう。

―第十条―

「人を相手にするな、天を相手にせよ」「敬天愛人」

大切なのは、普段から人生勉強や修行をし、精神統一に励み、無心になること。その結果が啓蒙され、悟りを得ることだ。

※「精神統一、無心」「啓蒙される、悟る」は、自然に知恵を得て、「天然の法」を会得することである。

―第十一条―

「自分さえしっかりしていればよい」
「自分のことは自分で」

自主独立精神を持ち、自助努力をすることで、精神的にも、経済的にも独立することができる。

※「自主独立」は自主や自力でやる。一人前、立派になることだ。

―第十二条―

「やったらやっただけ身に付く」
「頑張れば結果は付いてくる」

普段から勉強や修行し、実力や自信を付けることで、自分の才能を磨き、心に余裕を余す。

※「実力や自信を付ける」ことで、成功や幸運を掴むことができる。継続や、好きであることも「才能」。

―第十三条―

「人や世の中のためになることを」「やる気を活かす」

精神修養や精力善用をすることで、共存共栄や自他共栄することができる。

※「精神修養」は他人を尊び、自分を高める意。「精力善用」は柔道の理念。自分が持つ力を最大限に使って、社会をよい方向に用いること。

―第十四条―

「何があっても大丈夫」「七転び八起き」

永久不滅の精神力や、不屈の根性を持つことで、目標を達成し、たとえ達成できなくても、人生は充実する。

※勝つまで挑み続ける不屈の根性、精神力、また、一生懸命さや頑張りが、人生においてなによりも大切なことだ。

―第十五条―

「人間には無限の可能性がある」

「尽きることのないアイディア」

無限の理想や着想があればこそ、夢や自己を実現させることを目指せるというものだ。

※「無限の理想」はプラトンのイデア説を参照されたい。「着想」はアイディアの意。

―第十六条―

「これだけやったのだから大丈夫」

「勝負は気力・体力・時の運」

普段から精神や肉体修行をすることで、強靭な心身を作ることができる。

※常日頃の心身修行が「これだけやったのだから大丈夫」という考えに至る。

—第十七条—

「未来に魁《さきが》ける」「夢を持って人生を生きる」

リーダー精神を持ち、チャレンジ精神を持つことで、新たな人生や分野に挑む切符を手に入れることができる。

※「リーダー精神」はリーダーシップの意で、リーダーとしての自覚や指導力。もちろん、リーダーになるためには、本当に人の上に立ってしまってはいけない。その前に努力、学習し、哲学、監督力を得るべきである。

―第十八条―

「客観的になる」「感謝できる」

普段から「哲理」や「天の法」を勉強したり、人や自然に「大々感謝」することで、本当の意味での「大人」になることができる。

※「哲理」は人生や世界の本質を見通した哲学の道理。「法」は天然の道理。

―第十九条―

「知恵を愛する」「徳を積む」

普段から哲学や思想を勉強し、道義や道徳観を育むことで、「哲理」や「天の法」を学び、「大々感謝」できる。感謝する気持ちを忘れない。それでも分からない人には、「我々は生きているのではない、生かされているのだ」という言葉を。

※「思想」は実際的に天然の道理を追求できる。十九は十八になるための「方法」である。

―第二十条―

「来る者は拒まず」「去る者は追わず」「自然に任せて」

物事を「できる限り」や「できる範囲」で行うことで、いずれ自然に、それ以上にできるようになるものだ。

※「自然」が一番いいが、実は厳しいものだったりする。人間は「自然」のごく一部である。

—第二十一条—

「理想」あるいは「現実」

夢想、あるいは夢「物語」、愛想、あるいは愛情「物語」でなく、「本物」の夢や愛を追うことで、理想の実現に生きることができる。

※嘘、偽り、冗談や笑い事でなく、本当の憧れや友情を追うことで、再び新しい人生を歩むことができる。

―第二十二条―

「苦労したかいあって」あるいは「苦労し過ぎもよくない」

過小や過大でなく、実際、相当の訓練や鍛錬をすることで、現状を打破し、打勝つことができる。

※「正解」や「正論」、「真実」や「真理」でなく、実際、相当の学問や勉強をすることで、「哲理」や「法」を追う「実現可能哲学」を身につけるべきである。

―第二十三条―

「大変なことは先に済ませておく」「早起きは三文の徳」

課題が早期解決したり、朝が「早朝型」であることで、後々が大変楽になる。

※大変なことを早め早めに済ませておけば、「(午)後は軽く流すだけでよい」。

―第二十四条―

「聖人君子」「超人的」

知徳に優れた「聖人君子」や、優れた能力を持つ「超人」を目指すことで、形而上学や精神主義的になることができる。

※「形而上学」は物理を超えた哲学。「精神主義」は物質より精神尊重の考え方。

—第二十五条—

「昔の人の優れた思想や考え方に学ぶ」

あるいは「無数のたたかいを制してきた」

「哲人」や「鉄人」を目指すことで、文武両道に優れた人間になることができる。
ただし注意して頂きたいのは、ここで言う「たたかい」とはトレーニングや修行なので、実際に「たたかう」わけではなくて、トライアスロンのアイアンマン的にタフな、の意である。

※「哲人」は哲学者または高い学識や優れた思想の持ち主。「鉄人」は不死身の人。

―第二十六条―

「高い精神」あるいは「合理主義」

知恵や忍耐不足の人々でも、「啓蒙主義」や「オス」の精神を持つことで、夢や憧れ、友・愛あふれる人になっていくものだ。

※「啓蒙」は相手に不足知識を与えること。「オス」は相手から進んで学ぶ積極的挨拶。

―第二十七条―

「地球の未来のため」「人類の将来のため」

地球の自然や人類の友情のために、啓蒙、救済すること。本当の意味での「聖人君子」や「超人」になっていくプロセスだ。

※「本物の聖人君子や超人」は、本物の聖・賢・超者、啓蒙・救済者。

―第二十八条―

「人を思う」あるいは「自然を求む」

自由な社会だからこそ、人文主義者や自然主義者など自由人が、大自然や友情を追求することができるのだ。

※ヒューマニストやナチュラリスト、人情主義者やエコ主義者。自由な社会であればこその存在である。

―第二十九条―

「幸運に恵まれる」「幸福が訪れる」

常日頃から完全によい行いを目指し、いわゆるところの哲学馬鹿や王者にまでなってしまおう。それが幸運や幸福を呼ぶことになるかもしれない。

※「哲学」はいわゆる「真善美」～清く正しく美しく～や「知徳体」など、全人的とも言える。

―第三十条―

「礼儀に適う」「節度を保つ」

いつ、いかなるときでも、礼儀や節度を忘れない人間になっていたい。そうすることで、人々の鑑となるような、理想的人間や人格者になっていくものだ。

※「礼儀」や「節度」「礼節」は、守るべき礼儀作法や節度ある行動の仕方のこと。

—第三十一条—

「天然キャラ」「自然な人」

相手から意見されたり、突っ込まれたりしても、自然に笑い流してしまおう。面白くないかもしれないが、天に任せることで、いずれ自然淘汰されるものだ。

※天地自然の法則に任せる。天然に采配され自然に選択されるものだ。

―第三十二条―

「私心無い」「何も思わない」

無邪気・無私・無垢・無心・無欲・無作為・融通無碍《むげ》など、「無念」「無想」なことで無我の境地に至る。

※「無作為」は計らわない自然。「融通無碍な心」はとらわれのない自由な心。「無念」は精神統一して余計なことを何も考えない。「無想」は俗事などを何も考えない。

―第三十三条―

「白日の下に晒される」「心が洗われる」

心が実に晴れ晴れ晴れ、日本晴れ、白昼、無色透明なことで、ほぼ完全円満な人格が完成する。

※心が純白に晴れ渡り、水色に透き通ることで、ほぼ完全に「自然回帰」し、初心に返る。

―第三十四条―

「絶対に」「完全に」

絶対や完全をモットーに、常に一番主義でいること。実力を発揮し、本領を発揮することで、偉大なる日本一、世界一の聖人君子、または「超人」になっていく。言うまでもなく、新流派、新学派をいわば目指しながら追求するので、一番になれるのである。

人文、文学、文化系大学でも、例えば、哲学と文学、起業家コース、英語など本当にやる気の出るジャンル二つを組み合わせると出来やすい。

※聖人君子の中の聖人君子、超人の中の超人は、例外なく純粋、誠心、友好的である。

―第三十五条―

「名を捨てて実を取る」「型破りの」

「形式」や「常識」を超越して、実力や能力を充実させる。そういう人間こそが新学派を生む「聖人君子」になり得るのだ。

※顔や形を超え、心は柔軟、だが質実剛健で、気力や体力満ちあふれていること。新流派を生む超人への第一歩。

―第三十六条―

「大成する」「大成功」

まずは自信を持つこと。そして広い心（Broad-mindedness）を持つ。そうすれば、小さいことなど気にならない。

ブロード・マインディッドネスは自身の「マインド・ダイナミズム」の中心概念である。人文・文学系の独自様式を持つことができる人こそ、大哲学者や思想家になるのである。

体育会、教育系でも、独創的な姿勢を持つ人こそが、啓発目的の強化監督や悟り目標の修行指導者になれる。

―第三十七条―

「きりがない」「極端な」

「中間的」、「中程度」という、東洋的中庸や中道の考えをモットーとすること。そのうえで、適切に、かつ適度に、西洋的共通感覚を取り入れ、平衡感覚をもった生き方をしたい。

※穏当な「東洋的柔軟性」や「柔和さ」をもち、適当に「西洋的紳士」さや「大人」さを取り入れる、スマートな生き方をしたい。

―第三十八条―

「創立の精神」「創造性」

自らの未来や将来を企画し、起業する創造や創立力をもち、これからの人生をたくましく生きて行こう。

※新案や名案を出し得る独創力、そして独立力があることで、新たなる道を開拓していくのだ。

―第三十九条―（おまけ）

「天然」「自然」が大切

ソルビット、ソルビン酸、ＰＨ調整剤、青番号など人工保存・着色・甘味料はあらゆるものに含まれている。本当に「健康的」でいきたいということであれば、本物の「無添加」でいくべきである。

※商品パッケージの「原材料」項目に記されている。常に関心をもっているべき。

―第四十条―（おまけ）

「無糖」「無油（ノンオイル）」で「完全」

「酸化」を「完全予防」するためには、酒、煙草はもちろん、珈琲、紅茶、炭酸や一〇〇パーセント果物ジュース、チョコ、スナック、カップや油揚げ麺等なしの生活にしなくてはならない。

※他に豚や牛肉、鶏皮、ロールパンやクリームパン、デニッシュ、バターやマーガリン菓子、かりん糖、ドーナツ、天丼等。結局は現代人の定め。酸化予防を予め習いとする。

―第四十一条―（おまけ）

「水分」「塩分」は人間には必須

水や塩・トマトや野菜ジュース、麦や玄米茶、梅干し、牛乳、酢、レモン水など「弱アルカリな」飲料水で、疲労回復や「超回復」ができる。

※他に海藻、煮干し、大豆、青菜、柑橘類、スポーツ飲料水、ジャム等もあり。酢を薄めて飲むと、とりわけ効果が高い。

―第四十二条―（おまけ）

「休暇」「休養」にはおいしいものを

バナナ、焼き芋、サラダせんなど菓子は時々、ラーメン、ラムネ、ケーキなど贅沢は祝祭日、記念日ぐらいにしたい。

※大切なことは、柔軟性をもたせて、午後までカロリー取り過ぎなら、晩にご飯を減らしたり、活動している昼にメインの食事を摂るのも一案。そして、頑張ったら月に一、二回、おいしいものを食べに行ったりするのもいいだろう。

第三章　お笑い草　～面白おかしいままに二十五～

此処らで一寸《ちょっと》、二十一世紀に生きる一《いち》「聖職者」（カッコ入りで「聖職者」というのは、未だ自分本人はその道のプロとまではいっていないからであるが）として、世界に誇る日本文学の大傑作の一つである、吉田兼好こと兼好法師の『徒然草』を手本にして、世の中や社会の川や大河に流れ行く／浮き沈みすることにあれこれと想いを馳せながら／致しながら、「面白おかしいままに」随想録やエッセイとして、人生観や世界観でも記してみようかと思い立って、述べてみることにした次第である。

何故かと言うと、例えばソクラテス風に言えば「ハデス―天国―」、その弟子のプラトン的に言えば「イデア界―天上の世界―」、そのまた弟子のアリストテレス系で言えば、「メタフィジックス―形而上学―」、など思想界や思想的道理、哲学社会や哲学常識を学んでいる人たちや学びたい方たちにとって、標準界や標準的道理との相違点、一般社会や一般常識との矛盾点などは、いつの御時世でも似たようなものだと思うからである。

本国日本では、詳しくないが、昔から浄土思想があるし、天を崇める思想、諺、格言、金言はあまたのごとく多いこと広く知れわたっている。

近年では、我が国の巨匠・武者小路実篤氏は「徒然草私感」として次のように述べている。

「第四段は『後の世の事心にわすれず、仏の道うとからぬ、こゝろにくし』色このまざらむ男の悪口を言つたあと、すぐ、この文句を書かないでゐられない処は、さすがに出家した人だと思はれる。

僕は後の世のことは別に考へない。生きている間にするだけのことをするのが、人間の務めで、それさへすれば、あとは永遠の安眠もわるいものとは思はない。涅槃こそ望ましきものに思はれる……」

また、『人生の書／人生問答第四話　道徳に就いて』で、「……何と言つても、道徳は必要である。我等は真の道徳に対しては喜んで頭を下げ、その命令を聞き、そして正しく自分を生かすやうに心がけ、そしてそれ以上の生活に頭を突込みたいと思つてゐる。老子はそれを知つてゐたやうに思ふし、孔子もそれを理想にしてゐた。ダンテもそれを知つてゐたやうに思ふ。天国では道徳は姿をあらはす必要もないのだと思ふ……」と記している。

これらを言って、氏は「理想郷」を目指していた。

面白おかしいついでに言えば、ちなみにかく言う本作者の父、塩田　洋も（「武者小路実篤先生七十歳を祝う会」の挨拶を九段会館で言った人であるが、他にも山のように言うべきことがあるが、一冊の本になってしまうので、ここでは必要なことだけ記すに止めておく）実は入間の先生の「新しき村」で水田・稲作りを教えていた者である。それでは行ってみよう。

（注）「メタフィジックス―形而上学―」の「メタ」とは「～を超えて」、「フィジックス」とは「物理」のことで、「物理を超えた哲学」、「形而下」に対して「形而上」の「学」の意。

（注）『徒然草私感』は「別冊國分学　徒然草必携」（久保田淳・編　学燈社№10・81）

に抜粋として所収。

また『徒然草私感』新潮社（昭和二十九年刊行）、また『武者小路實篤全集　第十巻』小学館（平成元年刊行）に所収。
（注）『人生の書』（人生問答／第一～七話）潮文閣（昭和二十一年刊行）、また『武者小路實篤全集　第十巻』小学館（平成元年刊行）に「人生問答」として所収。

―第一項―

聖人君子や超人などであるなら当然、聖・賢・超者などを目指したいのであるなら当たり前のこととして、プラトニック、ストイックにいかなければいけないであろう。即ち、ピュアなハートで付き合ったり、兄弟付き合い、相方くらいにしておいて、配偶者とか子供はいないでいくことが大変面白おかしいであろうと思う。でないと、一家の生活費や家庭の教育費などでツボにハマっていくだけであって、身動きが取れなくなっていくだけであろうからである。

修行者、求道者自分本人にとって、何の面白味もないであろうと思われるからである。

勉強しなくてはいけなくて、それどころではないというのがよろしい。

哲学者や思想家では、プラトニックの元祖であるはずのプラトン以外では、サルトルのツレアイが「一生彼女だった」と聞くが、面白いことであると思う。

人間の模範ではないであろうかと思う。

そして「自由自在」に旅行・小旅行・ウォーキング・サイクリングに飛んでいってみたり、ギャグやお笑いで獲っていってみたり、勉強・トレーニングなどにハマっていってみたら、これ以上面白おかしいことはないであろうと思う。

―第二項―

職業、職種も安定志向・安直傾向ではなくて、パート・フリーターから始まって、自由業・フリーランス、あるいは個人店主・自営業者、あるいは職人・職人家族、あるいは農家・農業従事者、あるいはNPO・非営利団体、あるいは起業家・企画者、あるいは清掃人・管理人、あるいは道路警備員・巡回警備員などで、独り身的・一匹狼的に出来得る限り、可能な限り雄大に、壮大に生きていく方が面白いのではないかと思う。

でないと、「人生の」柔軟が利かなくなり、「生涯の」融通が利かなくなり、「一生の」選択が利かなくなって来るであろうと思う。

法師も、『徒然草』（川瀬一馬校注／現代語訳／文庫版）で、「心というものは、周りの色々な関係にひかれて動くものであるから、静かな境地にいなければ、仏道は修行しにくい」（五十八段）と言っている。

「修行しにくい」というのであって、修行不可能と言っている訳ではないであろうが。

以上のことを考え合わせると、本作者的には、「二十三区と郊外」、いわゆる「出家と在家」との丁度半々、半分位の所にいることが面白おかしいのではないか？　と思われる。

―第三項―

人間、たとえ男であっても、はたまた女であっても、ロマンが欠けていれば、憧れを欠かしていれば、自分が頑張り抜けなくて、且つ本人が面白くなっていくことはできないだろう。

巨大なら巨大な希望や目標ほど、更に頑張れて、且つ一層面白くなっていけるのであろう。

果てしのない、限りのない理想や理念を持つことで、一生懸命頑張れば面白おかしさが込み上げる。

であれば、思うに、世間的、社交界的な執着や煩悩などはささいな事柄で、はかない事象になって来るしかないのではないか。

何よりも、小手先でどうこう、というのではなくて、大きな夢を持てるかではないか、その中で、ただ理解出来る者、共感可能な者がいるかどうか、だけではないだろうか。

そのくらい大きな志でも抱いていないと、本文に列挙したような目的を達成することなど、到底かなわないのではないだろうか。

―第四項―　「自由」に就いて

イギリスが生んだ大哲学者の一人であるジョン・スチュアート・ミルが、その著書『On Liberty（自由論）』の中で、「我々は天才に大分大きな恩恵を受けているが」「天才には自由が必要なのである」、という風なことを説いているはずであるが、そうではないかと思う。

例えて言えば、我々は福沢諭吉や夏目漱石らから大きな恩恵に与っているのであるが、自由がなくては、ああいった様な天才、天才的人物たちは生まれて来ない、増えていかないであろうと思う。

―第五項―

法師は、「ひとり、灯《ともしび》の下《もと》で書物をひろげて、昔の人を友とするのは、格別慰められるものである。その書物は、文選の感じの深い巻々、白氏《はくし》の文集《もんじゅう》、老子の言葉、荘子の諸編などで、またわが国の学者たちの書いたものも、古い時代のものには、趣のあるものが多い」（十三段）と言っていて、それはたった今自分本人『徒然草／十三段』で本当にやっていることと同じような感じがして、リアルに「いたみいる」（一段）ことである。

―第六項―

大分久々に旅行でも可能であれば郊外方面へ是非行ってみたいと思う。

クルマやバイク、自転車でも大変結構であるが、例えば、他県でも当然あるであろうが埼玉県飯能市近辺で国道などを走っていて、「右」（何故右でなくてはいけないかというと、ドライバーの後部座席側で窓全開にして眺めていたからであると思うのだが）の方に、「ここ行くと何処に行くんだろうな？」と思わせるような、通過してしまってもおかしくない風な砂利道が、山の方へ上がっていっていることがある。

そういったところへ実際に行ってみると面白い。

大抵、途中は、道路中央や路肩に生えている野イチゴを摘んでいたりして、突き当たりは、沢で沢ガニが歩いていたりして、片側は、材木で足場が掛かっていたりするのであるが、谷間から分け入って、「シドキ」といわれる山菜を採りに行ったりして、おにぎりでも分け合って、山行、いわゆる「ピクニック」をしに行ったりしてもまた面白い。

―第七項―

以上に加えて、埼玉の旧浦和市や久喜市、神奈川の伊勢原市や大山、東京の多摩川や伊豆諸島辺りも面白いところである。

浦和市は既に存在していないが、以前は田んぼの用水路などでたくさんのザリガニやドジョウ、オタマジャクシなどが面白いように網に入って来て、「面白いも良いところ」であった。

久喜市とか伊勢原市など、同系で何倍も輪を掛けたようなところで、ザリガニやドジョウ、オタマジャクシなどが面白いまでに網に掛かっていき、「面白いにも程が有る」ところである。

大山はそれこそ文字通り「大きな山」で、紅葉の季節の秋頃には、辺り一面、国道沿いの柿の木に実が豊富に付いていて、面白くて風情のあるところであるといえよう。

また、それ程山の上の方まで行かなくても、下の方でも土産物店のような店通りもある。

調布市辺りの多摩川沿いでは、狛江市過ぎた登戸辺りの水辺で浸かってライギョを採ったりして面白いところであった。

府中市辺りの多摩川沿いでは、西武多摩川線是政《これまさ》に釣りに行くなどして面白いところであった。

港区の浜松町駅から、荷物担いで徒歩で十分程度で行ける竹芝ふ頭から出航して行く、東海汽船大型客船で行く伊豆諸島旅行ほど面白いことはそうそうない、と言える。

夜遅く十時前後に竹芝桟橋を発って出港して行って、朝早く五時前後に目的地に入港して接岸して行くのであるが、早朝港にモヤが掛かっているのは大変情緒漂っていて面白い。

明日また生えて来ると言われる「あしたば」、トビウオやシマアジなどの「くさや」

はじめ、牛乳系の「せんべい」など、当地の名産品として心に銘記するほどで、料亭向けとして使われていると聞いた「たかべ」、「いわし」など、温帯系の「フィッシュ」など、防波堤周辺で探索して釣ってみたり、岩場近辺で探検して獲ってみたりしてもまた面白いであろう。

初心者は大島や新島から試して式根、神津、三宅辺りが天然自然で面白いところであろう。

他では、新青梅街道東村山センターで曲がって、雄大なランドスケープをたたえる多摩湖近辺へ向かう以前に、旧青梅街道行ってだいぶ後、側道林に入って栗拾いして、東北自動車道郡山インターで降りて、壮大なワイドスケールにたたずむ猪苗代湖付近で休んで以降に、国道四十九号線津川市行くはるか手前、沼道栗林に入って栗を拾ってとかが面白い。

―第八項―

以上のような旅行とは異なって、日常的、恒常的に都西部の区街で古書センターや中古ブックストアー、区立体育館や区立図書館、防災公園やスポーツ広場、河川敷やグラウンド、ショッピングエリアやタウンショップスなどに、暇を見つけてウォーキングやサイクリングで行ったりすることも、その目的地は異なっているとしても、その目標地は別であるとしても、完全同様に面白い。

西東京の区域に住んでいながらにして、本文化やお笑い文化、トレーニングやエクササイズ、木々近辺や水辺周辺、アーケードやディスカウントストア、神社や仏閣、地域センターや文化・スポーツ施設、ホームセンターや大型店などへ歩きまくったり、自転車で走り回ったりして、「二十三区中西部的トウキョウ・ミッドウェスタン・アウトドアライフ―建物外生活―」を送ってみたりするのもまた面白いものである。

―第九項―

法師はまた、九十八段で「高僧が言い残しておいたことを書きつけて、一言芳談《いちごんほうだん》とか名付けた書物を見ました中に、同感に思ったことども」として、

「一《ひとつ》、遁世者は、ものがなくても、差し支えないように心がけてやってゆくのが、最上のゆきかたというものだ」

「一、身分の高い者は、身分の低い者のつもりになり、智者は愚者の身になり、金持は貧乏のつもりになり、有能な者は無能な者の身になることだ」

「一、仏道を願うということは、別のことでもない。ひまがある身体《からだ》になって、世俗のことを心にかけないのを、第一のゆきかたとする」

と記述している。

本文で法師に引用されていた「高僧」（本作者には聖人《しょうにん》、即ち仏の再来かと思われるほど知徳の高い僧、ではないかと思われるのであるが）は仰《おっしゃ》られていたかは分からないのであるが、

「一つには、修行者、即ち鍛練者は、ものに依存しなくても、差し支えないように心がけてやって行くことである」

「一つには、人の上に立つ人、即ち政治家や先生方、社長や師匠は、更にお笑いや癒し系を勉強して、一層面白おかしさを学んで行くことである」

「一つには、大空の彼方で啓明、即ち明けの明星として心より笑ってみたいということであれば、ひまが身上、即ちフリーになって、一般的なこと、即ち一般道徳などは超えてやって行くことである」

と今の世の中や社会にとってより為になって役立てるように、出来るだけ分かり易く、「二十一世紀啓蒙・啓発哲学思想」的に換言させて頂いたとして、許されて然るべきではないだろうか？

―第十項―

記憶が確かであれば、作家の城山三郎氏によれば、経営学の大家ドラッカーは、「人間は人、つまり他人を管理出来るなどということは証明されていない。しかし、自分、つまり本人を管理出来るということは証明されている」というようなことを言っていたらしいのであるが、確かに、誰かが言っていたように（誰であったかは忘れたのであるが）、「マネージ」とは、「何とかして～する」であって、「マネジメント」とは、その名詞形である。

従って、会社や団体経営・運営している人や、地位を言いたいのであれば、「経営者」や「経営職」以外では、「管理者」や「管理職」ではなくて、「マネージャー」や「マネジメント職」とでも邦訳していた方が、はるかに正確と言えるのではないだろうか？

―第十一項―

たとえ、正しいこと、良いことを言ったとしても、伝達力が欠けていたとしたら、十分伝わらないのではないだろうか？

たとえ、伝達力があったとしても、面白おかしさを欠かしていたとしたら、充分受け入れてもらえないのではないだろうか？

―第十二項―

百八段は、本作者では、未だ十分人生を悟っていないからであろうか、「人生の達人」といえるであろう法師に啓蒙されるところが大分多いのであるが、後半三行で説かれている「時間を何のために惜しむかと言えば、……（中略）……身の周りに雑事がない境涯となって、……（中略）……なお仏道修行をしたいと思う者は、それを実行したがよいと思うからのことである」というくだりから考察してみれば、本著者には、この世に生まれて来た以上、悟りたい、啓蒙されたいなどなどやりたいことが一杯、やるべきことがたくさんあるのであれば尚のこと、本人自ら課題や懸案を見つけて、片付けてさっさと進んでいくというようにしなければいけないのではないか？とっとと変わっていけという風でなくてはならないのではないか？　と思われるのである。

―第十三項―

「本人自ら課題や懸案を見つけて、片付けて」というだけであれば大分簡単なのであるが、やるとなると難しくもあって、それと並行して、優先順位を付けていかなくてはいけないのであるが、そのことが大事になって来る。

法師はまた、その方法については、「双六《すごろく》」の例えで百十段で説いているかのようであって、以下のように記している。

「双六の上手と言われた人に、その勝つ方法を尋ねましたところ、『勝とうと思って打ってはならぬ。負けまいとして打つがよい。どの手（うちかた）が、早く負けになるだろうかと読んで、その手を使わずに、一目でも遅く負けそうな手に従うがよい』と答えた。この言葉は道を知っている者の教えともいうべきもので、身を修め、国を保ってゆく道もまた同様である」と述べてこの段を括っている。

このように言っている双六手法と似ているのは、修行職業人・求道職人的な仕事や事業の職場や仕事場で、修行や鍛練の解決法・解消法を監督・指導してみた人であれば分かることであろう。

何故ならば、修行的仕事は、「師匠からとやかく言われる前に手前《てまえ》で」「見つけてやるもん」で、「言われた仕事を」、「ただやってればいいってもんではない」、「順番ってもんがある」からであろう。

何時にでも、求道的仕事は上達・熟達して効率的・効果的に仕上げる・仕立てる風に段取って、はかどっていけたらば、早め早めに解放されることが可能であって、解散出来得るであろう。

何れにしても、双六（西洋で言う「バックギャモン」とルールは同じだという）は、修道的仕事に応用出来るところがあって、面白おかしくて、役に立つ例えだ、と言えるのではないだろうか。

―第十四項―

法師は、下巻百三十七段で「どんなことでも、初めと終りとが特に面白いのである」と説いているが、そういえば、二十一世紀に於いて、「面白おかしい」と言えば、マンガは外せないであろう。

マンガについては、既に大作家たちが大々的に活躍しているであろうが、私が自信を持って人に推薦出来る、確信を抱いて他人に推奨可能な作品・作家は、「本当に面白いコミック」を読みたい方への参考資料・チェックリストとして、次に簡略にリストアップしておきたいと思うので、関心の高い方であれば、また時間が許す人ならば、一度参照してもらえれば、聖人君子や超人などでも、大人でも面白おかしいであろうと思う。

『トラジマのミーめ』松本零士・作（プリンセス・コミックス）

『ど根性ガエル　1』吉沢やすみ・作（集英社文庫）
『釣りキチ三平　2（イワナ釣り編）、6（ライギョ釣り編）、8（フライフィッシング編Ⅱ）、9（マス釣り編Ⅰ）、10（マス釣り編Ⅱ）』／矢口高雄・作（講談社漫画文庫）
『爪王（つめおう）上』矢口高雄・画、戸川幸夫・作（講談社漫画文庫）あるいは『野生伝説　1　爪王　上』矢口高雄・画、戸川幸夫・作（小学館ビッグゴールドコミックス）
『陽あたり良好！　1』あだち充・作（小学館文庫）あるいは『陽あたり良好！1』あだち充・作（小学館フラワーコミックスワイドスペシャル版）
『ラフ　1、2、3、10』あだち充・作（小学館少年サンデーコミックス）または『ラフ　1、2、6』あだち充・作（小学館文庫）
『タッチ　4、5』あだち充・作（小学館少年サンデーコミックスワイド版）
『みゆき　1、2、3、4、5、7』あだち充・作（小学館文庫）

『YAWARA　11　日本一弱い柔道部』浦沢直樹・作（小学館ビッグコミックスピリッツ）

『マンガでわかる！　芦原カラテ実戦サバキ入門』芦原英典・監修（スキージャーナル株式会社　SJセレクトムック）

『魁!!　男塾』作品中に出て来る「魂の頌歌の巻」宮下あきら・作（集英社文庫）

『天下無双　1　江田島平八伝』宮下あきら・作（集英社ジャンプコミックスデラックス）

この他に、テレビなどのお笑いでは、島田洋七「師匠」の『がばいばあちゃんの幸せのトランク』（徳間文庫）、島森路子氏の『とんねるず　おれらはニッポンのブルースブラザーズだ』（「広告批評」一九八六年三月号）、さまぁ〜ずの『モヤモヤさまぁ〜ず2』（テレビ東京）は特に面白おかしい。

―第十五項―

また法師は、「ついちょっと経文の一句を開いて見ると、自然にその前後の文章も目に移る。それに思いあたって、とっさに長年の誤りを悔い改めることもある。もし今この文をひろげて見なかったならば、恐らくこれを悟ることはなかったであろう。これがつまり、心が物に触れるところの利益というものだ」（百五十七段）と記述していて、啓蒙され、啓発される本という物に触れることに依るメリットというものは大そう大きいと改めて気付かされる。本版巻末「コースガイド」の教材や参考文献リストを、関心の大きい方であるならば、また時間が許す人であるならば、一回ご覧になって頂きたいと思う。

―第十六項―

法師は、百六十七段で「よく気をつけて、人にまさっている点を忘れるがよい。たわけにも見え、人から非難もされ、災難をも招くのは、この慢心にある」と言っているが、他人から積極的に学んで来ない人、自分から主体的に勉強していかない方は、本人自身が先生的役や師匠的立場である時と場合が大体大部分であるというところが気に掛かるのである。

気持ちよく教えてくれることは純粋に感謝してもしきれない、気分よく教えてもらえることは誠心に頭が下がる思いであるのであるが、多少でも向学心を持ったり、勤勉性を抱くとか、実力を維持したい、立場を保持したいとかであれば、その弟子役の人や生徒立場の方たちからでも学習出来たり、勉強可能なはずであろう。

努力を怠っている方では、段々追い着かれて行くのみ、努めを怠けている人では、益々追い越されて行くだけであろう。

―第十七項―

「目の前にいる人間の苦しみをとり除いて、恵みを施し、道を正しくしさえすれば、その教化が段々遠くに及んで行くということを、気づかないのである」（百七十一段）

今の政治家たちに言って欲しいと思われる法師の言葉である。

―第十八項―

ただし、この辺りまで説明して来ると、自分には不可能だ、とかいう声が読者から聞こえて来そうである。

以上の点に関しては、法師はまた、人生に於いて、大事を成し遂げるためには、「一生の中《うち》に主に実現したいと望むようなことの中で、どちらが大事かと、よく思い較《くら》べて、その第一番のことを考えきめて、その外は断念して、一つのことだけを励むがよい」と、一つに絞ることが大切であると説いた後に、「京都《みやこ》に住む人が、急に東山に用があって、既にそのめざす先へ行き着いたとしても、西山に行った方が利益が多いはずだとわかったならば、その門口《かどぐち》からすぐ引き返して、西へ行くべきである。ここまでやって来たのだから、このことをばまず言っておこう、何時と日をきめてもないことだから、西山のことは、ここをすませて帰って後、また改めて思い立つことにしようと思うがために、一時の怠りが、とりもなおさず一生の怠りとなる。これをよく気をつけなければならぬ。一事を必ず成し遂げようと思うならば、外のことがだめになるのを嘆いてはならぬ」（百八十八段）、と説いている。

ロマンや憧れを持ち抱いて一生懸命頑張るのは尊いことであるとしても、そのために病気やケガをしては仕方がない。

バランスを上手く取っていく、過不足なく丁度よくやって行くのが「大天才」である。

リスクは笑い飛ばしていく、やり過ぎかなというくらいやっていくのが「大天然」である。

本人次第、自己責任であるが、本著者のような「天然」は、法師風に「天才」でありたいと思っている。

―第十九項―

そういえば、作家の落合信彦氏は、どこかの本で、「（落合氏の）母には、どこかピューリタン的ともいえる、『額に汗して働くことこそが尊いのである』という考え方があった」、という風なことを記述していたと記憶しているが、そういう方が少なくなってきて、リッチを目指す人が多くなっていくと、「本物のロマンの力」が存分に発揮出来なくなってきて、次第に国が十二分に発展することが出来なくなっていくのではないか、と思われるのである。

「もっと、『ベンジャミン・フランクリン自伝』でも読んだ方がいいんではないか？」、と思わされるゆえんである。

―第二十項―

また、法師は、「若くてきりょうのよい人が、すべてきちんとしているのは、忘れがたく、心がひかれるものだ。凡てのあやまちは、もの慣れたふうに巧者ぶって、得意然とした様子をして、人を軽蔑するところから起こるのである」（二百三十三段）、と言っている。

若くてすべてきちんとしている人は、「この人は大物になるぞ」、と思わせるのではないか？

気を付けなくてはいけないであろう。

―第二十一項―

二百三十三段とコインの両サイドであるといえるかもしれないが、人にものを聞かれた時は、「巧者ぶって」「さしでがましい」のではなくて、「はっきりと説明してやったならば、穏やかにひびくであろう知っていることでも、一層はっきりさせたいと思って尋ねるのかもしれぬ」（二百三十四段）と言っている。つまりコインの両サイドで、人から訊いて来たのであるから、はっきりと言ってやった方がむしろ丁度良いであろう、と法師は言っているのではないだろうか。

―第二十二項―

法師は二百四十一段で、「願望を果たして後、ひまがある身になって、仏道に向かおうとすれば、願望はつきるはずがない」「ただちに万事を投げ出して、仏道に向かう時、障碍《しょうがい》もなく、所行もなく、心身が何時までも、ゆったりして平静である」と説いてくれている。

しかし、考えてみれば、法師は百十三段で言っていたように思うのであるが、元弘元年、一三三一年辺り、つまり七〇〇年ほど前は、四十年ほど生きれば「年老いた」時代であるが、平成二十五年、二〇一三年辺りは、人生八十年というくらい長くなっていっているのである。

寿命が倍まで伸びて来ているのである。

それを考えてみれば、たくさんの人がまだまだ大きな目標を作って頑張って行けるのである。

以前にも増して、もっともっと明るい希望が一杯あるのである。

―第二十三項―

二百四十二段で、法師は、人間なら誰でも楽しみ欲しがるもの、即ち楽欲《ぎょうよく》の第一は、名、即ち名誉である、と言っている。

そして法師は「これは（人間の楽欲はという意味であろう）人間の世の本真の事理をさかしまに見る考えから起こったもので、多くの面倒を惹起する。楽欲を求めないに越したことはない」と続けている。

では、何を求めれば良いのであろうか。

法師の言う仏道が先ず挙がるであろう。

次に、ギリシャ哲学が挙がるであろう。

次に、武者小路実篤の「二十一世紀的文学詩人思想」（著者による命名）が挙がるであろう。

そして、本書冒頭にもあった「永久不滅の日本精神」が挙がるであろう（「万代」に続くにっぽんのこころとでもいえるだろうか）。

本著者は人間にとって「最大／モースト」の「楽しみ／プレジャー」とは「笑い／ラフター」であると言って来た。

何故ならば、人が啓蒙、啓発されて啓明として心より笑う時、その人は本当に「幸せ」であろうからである。

共通している点は、みな、聖・賢・超者または啓蒙・救済・癒し者的なものを全人的／哲学／思想的に目指し、もしくは人文、文学、文化的に追求していく「精神」や「教訓」、あるいは「学」だというところである。

別の言い方で、二十一世紀の日本に即して言えば、「バランスとれた、バランス感覚溢れる」理想主義や「超越主義」ということではないか。

詳しくないが、儒教には「中庸」の考え方、仏教には「中道」思想があり、新潮社『徒然草私感』に、武者小路氏は「自然人であり自由人であり且つ真理を愛し求めることに独自の立場を持っている。著者のこの中庸道とも称すべきものは……」という文があるが、共通していることは、「人生問答／第五話　奉仕に就いて、其他」後半から察するに、ともに、「本当の聖賢の思想や考え方」ということではないかと思う。

そして、兼好百十二段、武者小路氏二八節で言う通り、人がいかに思おうと、いかに譏ろうと、いったん「大事を成そうと思ったら」気にしてはいられないのである。

「んなこと関係ねーや」（とんねるず的）である。「Pacific-mindedness」である。

パシフィックマインディッドネスとは、平和的《パシフィック》な私の啓発哲学である。

本気で怒らない奥床しさや心憎さとも言える広大な自然のような心である。

言葉は違っていても、ブルーム氏が『アメリカン・マインドの終焉』で説く、「寛大さ」だと思うのだ。

―第二十四項―

實篤氏も兼好を指し、結び三一節に説いている。

「今後世界中の人が彼の存在を知る時が来るかと思ふ」。

そう、私にとっては、『徒然草私感』そして、いくつかの戦時下発言を抜かせば『人生の書／人生問答一〜七話』こそが、単に昔の、よき「日本の古典」や「文学」「評論」ではない、二十一世紀に「啓蒙・啓発」「啓明」する、本当の「世界の名著」なのである。

―第二十五項―

他にも詩吟／吟詠などなどまだまだ面白いことはたくさん、もっともっとおかしいことは一杯有り余っているのであるが、本作者は別機会に譲って、アナザーチャンスにトライしてみたいと思う――。

第四章　インフォメーション「啓蒙会」「オフィスエンディー」

自己啓発、啓蒙書に関係／関連する知識や情報などをお探し、またはお求めの方へのお知らせです。

第一章説明で述べましたが、「啓蒙」、「啓発」とは相手に不足知識を与える、相手に不備情報を与えるという意味です。

「啓蒙会」とは、知恵や英知を提供することによって、合理的且つ適切に世の中や社会に対して貢献・寄与しようとする演習／ゼミのことです。

「オフィスエンディー」とは、私が主催を予定する、目的を同じにした、コンサルティング／アドバイジングのことです。

本告知を読んで、あるいは本概要を聞いて、ご希望やご関心などお持ちの方はお気軽にお問い合わせ下さい。

「オフィスエンディー」の詳しい情報などを本版巻末に添付、付加しておきました。

※平成二十五年、本会／オフィスは本式には本邦初公開です。同時に、日時やテキストなど予告せず変更することがあります。ご了承を。

“KEIMOUKAI INFORMATION”

☆English language literature courses/ ※English/American language conversation and English/American language composition to increase speaking command- English Conversation and English Composition

☆National language literature courses/ ※Eastern/Western people theories and Eastern/Western philosophies to increase human power- International People Theories and International Philosophies

☆Social literature courses/ ※Learning planning and Learning entrepreneuring to increase creative skills- Lifelong Planning and Lifelong Entrepreneuring

☆Athletic society courses/ ※Reinforcement exercise and Reinforcement training to increase physical strength- Self-Exercise and Self-Training

☆Cultural courses/ ※Interesting literature and Interesting reading to increase writing ability- Comical Literature and Comical Reading

《A Seminar Style Learning Activity》

☆Date/ Choose your 1.5 hours during days of weekend, and the time negotiable

Place/ Nakano-ku Home and WIZ, and near places negotiable

Fee/ Can start with 2000 yen/ month including 4 lessons, and actual expenses negotiable

★"Humanities, Athletic Society and Healing seminar"

"English, National, Social, Physical and Cultural courses"

"All have 3 different levels"

"Trials Okayy!"

【For information】; Feel free to contact by Tel. or Fax.

The Literature, Physical Education and Comedy, offered by Enlightenment, Enlightening and Enlightened society- KEIMOUKAI, B. A. Degree from Albright College/ Philosophy/ International Business Major, with reinforcement training and comical literature works.

＊Examples of our Cultural courses writings are: Saint and Superperson Philosophies, Paper Journalism, and Owaraigusa/The Comical Draft.

～コースガイド～

―英語会話―

解説／発言力を付ける。発信力を付ける。英米会話。日英会話。「発言力」は話す、聞く力など、「発信力」は読む、書く力など、「英米」は英語、米語など、「日英」は日本語、英語など、「会話」は会話、訳出など。

入門／基礎英米会話、基礎英米単・熟語や基礎和訳、基礎英訳など。教材は、『アメリカ口語教本（入門用／新訂版）』、『講談社カラーパックス英和辞典』、『「本当の英語力」は5文型で劇的に伸びる』、『中学英語の英文法がイチから復習できる本』など。

基本／英米会話、英米単・熟語や英語和訳、日本語英訳など。教材は、『自分のすべてを英語で言える本（基本編）』、『プログレッシブ英和中辞典』、『英語の文型と文法』、『ＮＨＫ１００語でスタート！　スーパーコーパス練習帳』など。

応用／英米会話、英米単・熟語や英語和訳、日本語英訳など。教材は、『自分のすべてをとことん英語で言える本（発展編）』、『新版ジーニアス英単語２２００』、『メイントップ総合英語』、『これで話せる英会話の基本文型87』など。

―英語作文―

解説／発言力を付ける。発信力を付ける。英米作文。日英作文。「発言力」は話す、聞く力など、「発信力」は読む、書く力など、「英米」は英語、米語など、「日英」は日本語、英語など、「作文」は作文、訳出など。

入門／基礎英米作文、基礎英米単・熟語や基礎和訳、基礎英訳など。教材は、『英語で書くコツ教えます』、『ポケットプログレッシブ英和・和英辞典』、『ポレポレ英文読解プロセス50』、『鬼塚の最強の英文法・語法1　入門編』など。

基本／英米作文、英米単・熟語や英語和訳、日本語英訳など。教材は、『英語作文の技術』、『ニューセンチュリー和英辞典』、『英文読解講座』、『英語構文１５００』など。

応用／英米作文、英米単・熟語や英語和訳、日本語英訳など。教材は、『英語論文作成法』、『講談社和英辞典』、『英語リーディングのコツ』、『新・基本英文７００選』など。

―国際人論―

解説／人間力を付ける。知徳力を付ける。日米人論。東西人論。「人間力」は人格、人物力など、「知徳力」は知恵、道徳力など、「日米」は日本、米国など、「東西」は東洋、西洋など、「人論」は人間論、国家論など。

入門／日米の英雄、日米の大衆や東西の英雄、東西の大衆など。教材は、『学問のすゝめ』、『変わろうとしない奴はもういらない』、『フランクリン自伝』、『外国人とのコミュニケーション』など。

基本／日米人論、日米論や東西人論、東西論など。教材は、『公式日本人論』、『日本文化論』、『アメリカン・マインドの終焉』、『実際性の時代』など。

応用／日米人論、日米論や東西人論、東西論など。教材は、『日本人論の方程式』、『日本人論のために』、『〔増補〕民主主義の本質』、『ウェーバープロテスタンティズムの倫理と資本主義の精神』など。

―国際哲学―

解説／人間力を付ける。知徳力を付ける。日米哲学。東西哲学。「人間力」は人格、人物力など、「知徳力」は知恵、道徳力など、「日米」は日本、米国など、「東西」は東洋、西洋など、「哲学」は哲学、思想など。

入門／日米の哲学定義、日米の思想定義や東西の哲学定義、東西の思想定義など。教材は、『哲学の立場』、『哲学とはなにか』、『哲学の原風景』、『哲学以前の哲学』など。

基本／日米哲学、日米思想や東西哲学、東西思想など。教材は、『論語現代に生きる中国の知恵』、『ルポ仏教』、『ソクラテスの弁明・クリトン』、『新約聖書名言集』など。

応用／日米哲学、日米思想や東西哲学、東西思想など。教材は、『環境の哲学』、『まっさきに読む禅の本』、『実存主義とは何か』、『ルソー』など。

―生涯企画―

解説／創造力を付ける。独創力を付ける。人生企画。学習企画。「創造力」は創造、創立力など、「独創力」は独創、独立力など、「人生」は趣味、特技など、「学習」は文化、スポーツなど、「企画」は企画、主催など。

入門／趣味・特技発想、趣味・特技公共性や文化・スポーツ司会、文化・スポーツ書記法など。教材は、『発想法』、『ライフワークの見つけ方』、『アメリカ式ノートの取り方』、『「書く力」が身につく本』など。

基本／趣味・特技企画、趣味・特技企画心や文化・スポーツ主催、文化・スポーツ主催法など。教材は、『企画センスを磨く本』、『企画型生活者のすすめ』、『アメリカ式勉強法』、『会議の技術と運営』など。

応用／趣味・特技企画、趣味・特技企画心や文化・スポーツ主催、文化・スポーツ主催法など。教材は、『企画の立て方』、『自助独立の哲学』、『研究計画書の考え方』、『会議の進め方』など。

―生涯起業―

解説／創造力を付ける。独創力を付ける。人生起業。学習起業。「創造力」は創造、創立力など、「独創力」は独創、独立力など、「人生」は趣味、特技など、「学習」は文化、スポーツなど。「起業」は起業、運営など。

入門／趣味・特技構想、趣味・特技公益性や文化・スポーツ助言、文化・スポーツ仕事法など。教材は、『週末起業』『よっしゃ！　イチから出直しや』、『コーチングが人を活かす』、『問題解決入門』など。

基本／趣味・特技起業、趣味・特技起業精神や文化・スポーツ運営、文化・スポーツ運営法など。教材は、『起業力をつける』、『起業家精神』、『ビジネス・コーチング』、『問題解決力をつける』など。

応用／趣味・特技起業、趣味・特技起業精神や文化・スポーツ運営、文化・スポーツ運営法など。教材は、『ＭＢＡ起業家育成』、『イノベーションと企業家精神』、『コーチングマネジメント』、『問題解決手法の知識』など。

―自主運動―

解説／身体力を付ける。精神力を付ける。補強運動。強化運動。「身体力」は身体力、体力など、「精神力」は精神力、気力など、「補強」は手、足など、「強化」は心、肺など、「運動」は運動、エクササイズなどテキストを通した情報交換。

入門／基礎心構え、基礎体力作りや基礎身体作り、準備体操など。教材は、『ＹＡ

ＷＡＲＡ』、『芦原カラテ実戦サバキ入門』、『考える柔道』、『The Essence of Self-Defense』など。

基本／心肺運動、心肺エクササイズや手足運動、手足エクササイズなど。教材は、『ピリオド』、『新説!! 芦原英幸』、『柔道パーフェクトマスター』、『誰にでもできる極真カラテ　入門編』など。

応用／心肺運動、心肺エクササイズや手足運動、手足エクササイズなど。教材は、『月刊近代柔道』、『ＳＥＩＤＯ正道』、『バイタル柔道　投技編』、『実戦！　芦原カラテ』など。

―自主訓練―

解説／身体力を付ける。精神力を付ける。補強訓練。強化訓練。「身体力」は身体力、体力など、「精神力」は精神力、気力など、「補強」は手、足など、「強化」は心、肺など、「訓練」は訓練、トレーニングなどテキストを通した情報交換。

―笑い文学―

解説／文章力を付ける。伝達力を付ける。面白文学。ネタ文学。「文章力」は作文、作品力など、「伝達力」は表現、発表力など、「面白」は知識、感動など、「ネタ」はお笑い、情報など、「文学」は文学、ジャーナリズムなど。

入門／知識・感動文芸、知識・感動ワードやお笑い・情報文芸、お笑い・情報ワードなど。教材は、『地球に優しい暮らし方』、『作詞がわかる11章』、『お笑い草』、『天津木村の、エロ詩吟　吟じます。』など。

基本／知識・感動文学、知識・感動ジャーナリズムやお笑い・情報文学、お笑い・情報ジャーナリズムなど。教材は、『もっと大きく、自分の人生！』、『レポートの組み立て方』、『論文ジャーナリズム』、『お前なんかもう死んでいる』など。

応用／知識・感動文学、知識・感動ジャーナリズムやお笑い・情報文学、お笑い・情報ジャーナリズムなど。教材は、『自己実現の道徳と教育』、『論文の書き方』、『聖人君子や超人哲学』、『がばいばあちゃんの幸せのトランク』など。

―笑い朗読―

解説／文章力を付ける。伝達力を付ける。面白朗読。ネタ朗読。「文章力」は作文、作品力など、「伝達力」は表現、発表力など、「面白」は知識、感動など、「ネタ」はお笑い、情報など。「朗読」は朗読、プレゼンテーションなど。

入門／知識・感動朗唱、知識・感動リサイテーションやお笑い・情報朗唱、お笑い・情報リサイテーションなど。教材は、『花失せては面白からず』、『ロックヴォーカル入門』、『お笑い草』、『天津木村の、エロ詩吟　吟じます。』など。

基本／知識・感動朗読、知識・感動プレゼンテーションやお笑い・情報朗読、お笑い・情報プレゼンテーションなど。教材は、『自分を豊かにする心理学』、『はじめてのボイストレーニング』、『論文ジャーナリズム』、『お前なんかもう死んでいる』など。

応用／知識・感動朗読、知識・感動プレゼンテーションやお笑い・情報朗読、お笑い・情報プレゼンテーションなど。教材は、『〈面白さ〉の哲学』、『「話す力」が面白いほどつく本』、『聖人君子や超人哲学』、『がばいばあちゃんの幸せのトランク』など。

～サービスガイド～

啓蒙知識コンサルティング／相手に不足知識与える
啓発情報アドバイジング／相手に不備情報与える

○スタイル、あるいは形式……フリーアンドカジュアルディスカッション・カンバーセーションスタイル、もしくは休日中／祝祭日中的な気楽な議論／会話形式
○カバージャンル……別紙英語文学系、国語文学系、社会文学系、体育会系、文化系
○インフォメーションソース……バラエティーとバランスを大切に、不足し、見逃しがちなテレビ、人、または本など
○中野区北部地域、杉並区高円寺地域、練馬区豊玉地域など比較的近い地域訪問応相談

〇トライアル応相談
〇サービス応相談
〇キャリアレベルだけでなくライフレベルに立った知識や情報得たい方
〇平素より変わった方向、普段とは違った方面から知識や情報得たい方
〇オリジナリティ溢れ、自主独立したメディアから知識や情報得たい方
〇精神的・心のゆとり・余裕を大切・大事にする方など……

※コンサルタント・アドバイザーは、第一に、顧客本人の決断を下す者ではありません。第二に、相談・助言など可能な限り行うだけです。第三に、完全、絶対の知識や情報など扱いません。万一、以上三つ及び、その他本サービスにより生じた損害や逸失利益又は、第三者からのいかなる請求についても、当オフィスでは一切責任を負えませんので、あらかじめご了承下さい。

あとがき　～「二十一世紀的啓明思想」出版にあたって～

本作は、人文系、体育会系であって癒し系作品でもあります。本書刊行に際して……、松田さん、上田さん、本人家族、春原先生、本村先生、矢島外科、関田さん、佐野さん、横山さん、森久保先生、月岡さん、ブルジョア先生、大滝先生、大沢先生、相川先生、カーライル先生、レパート先生夫妻、シャーク先生、クローフォード先生、スタインバック学長、図書館の方、稲垣さん、杉浦さん、岡さん、小川さん、閑野さん、大和さん、中田さん、トムさん、橋本さん、平柴さん夫妻、福田さん夫妻、柏木さん、西原さん、阿久津さん、岡村先生、大久保さん、大久保先生、森田さん夫妻、堀尾さん、高鍋さん、カンさん、谷口さん、松岡さん、ディブさん、タミーさん、ロブさん、加藤さん、細野さん、篠田さん、田代さん、マコトさん、山路さん、小橋さん、向吉さん、豊岡さん、アフェンディさん、中宗さん、相川さん、白田さん、リュウタロウさん、荒木さん、岩田さん、木下さん、木井さん、千葉さん、大渕さん、維田さん、太田さん、江川さん、片柳さん、高橋さん、韮沢さん、竹内さん、市川さん、宇根沢さん、宮司さん、森田先生、沢田先生、中村俊夫先生、バイオリン中村教室先生、本橋校長、他、文科省、東京都、区役所や文スポ公社の方など……の応援や支援なくして、本稿作成から発行までに至り達成することはできなかった、可能でなかったと思います。

ここに、大、大感謝致します。

著者プロフィール

塩田 洋彦（しおだ ひろひこ）

昭和43年、新潟生まれ。

平成4年、米国オルブライト大学哲学／国際経営学卒業。卒論「マインド・ダイナミズム」。日本文学英訳でレパート教授に師事。

柔道初段、大学では水泳部に所属。

平成25年、「啓蒙会」演習、ゼミ、「オフィスエンディー」コンサルティング・アドバイジング主催予定。

二十一世紀的啓明思想

2013年5月15日　初版第1刷発行

著　者　塩田 洋彦
発行者　瓜谷 綱延
発行所　株式会社文芸社
〒160-0022　東京都新宿区新宿1－10－1
電話　03-5369-3060（編集）
03-5369-2299（販売）

印刷所　株式会社フクイン

ISBN978-4-286-13618-9